Kurskonzept Frauenselbstverteidigung

Ein Trainerleitfaden

von

Diplom-Sozialökonom
Stefan Wahle
6. DAN Ju-Jutsu
Lehrer für Ju-Jutsu
lizenzierter Fitnesstrainer

akkreditiert bei: www.trainerregister.de

Impressum

©2014, 2017 copyright by Stefan Wahle, Hamburg

1. Auflage 2014
2. Auflage 2017

Autor: Stefan Wahle

E-Mail: info@sw-sportbuch.de

Internet: www.sw-sportbuch.de

Fan-Page von Stefan Wahle bei Facebook.com:
http://www.facebook.com/Stefan.Wahle.Autor

Verlag und Herstellung:
BoD - Books on Demand, Norderstedt

ISBN: 978-3-7357-5786-9

Offizielles Lehrbuch

des

American Ju-Jutsu Landesverband Hamburg von 1993

®

www.ju-jutsu-verband.de

www.facebook.com/American.Jujutsu

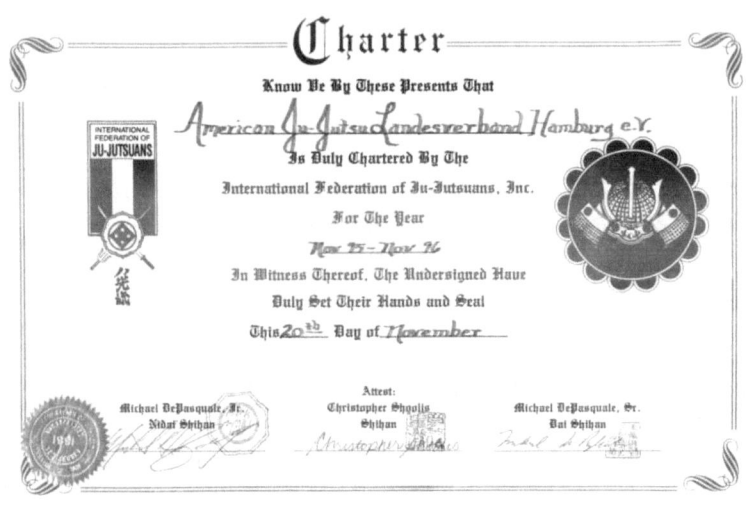

Charter

Know Ye By These Presents That

American Ju-Jutsu Landesverband Hamburg e.V.

Is Duly Chartered By The

International Federation of Ju-Jutsuans, Inc.

For The Year

Nov 95 - Nov 96

In Witness Thereof, The Undersigned Have

Duly Set Their Hands and Seal

This 20th Day of *November*

Attest:

Michael DePasquale, Jr.
Nidat Shihan

Christopher Shoolis
Shihan

Michael DePasquale, Sr.
Dai Shihan

Serial No. 11199/GA/13
Date 17-07-2013

環球結盟證書

Certificate Of Global Alliance

團體 / Organization : **AMERICAN JU-JUTSU LANDESVERBAND HAMBURG VON 1993**

會長 / President : **MASTER STEFAN WAHLE**   國家 / Country : **GERMANY**

正式和世界詠春總會結盟為盟友，共同團結，促進友誼，以弘揚詠春貢獻。
Officially alliance with World Ving Chun Federation as allies with unity and promote friendships, and with the dedication of carrying on and promoting Ving Chun.

審核組
Audit Team

GRANDMASTER FULIN YANG
Ving Chun Advisor

梁健華
GM.DR. LEUNG JIAN HUA
Ving Chun Advisor

總秘書長簽
General Secretary

創會總會長簽
Founder & President

副總會長簽
Vice President

PROF.DR.CHAN FA DENG 陳法登教授

PROF.DR.GM NG WEE XIONG

PROF.DR.GUNTHER BENJAMING

4

Inhaltsverzeichnis

1. Zielstellung des Kurses

Konzipiert wurde ein zweitägiger Kompaktkurs mit jeweils 5 Unterrichtsstunden, in dem ein spezielles System von nur 11 Selbstverteidigungstechniken für eine Vielzahl von Angriffen vermittelt werden soll.

Vorausgesetzt wird dabei, dass die Teilnehmerinnen kein regelmäßiges Training absolvieren wollen und auch ansonsten kein weiteres Interesse an Kampfsport bzw. Kampfkunst haben.

Jegliche Auseinandersetzung mit dem Thema Selbstverteidigung ist jedoch schon ein Schritt in die richtige Richtung und mit etwas Glück möchte die eine oder andere Absolventin dieses Kurses in der Zukunft regelmäßig trainieren. Es liegt also an uns als Trainer, eine gewisse Begeisterung zu wecken und die Wichtigkeit des Themas Selbstverteidigung (SV) sowie eine regelmäßige Beschäftigung damit zu vermitteln.

Aufgrund der Kürze der zur Verfügung stehenden Zeit beschränken wir uns also auf eine übersichtliche Zahl von 11 Techniken. Diese wurden so ausgewählt, dass mit ihnen eine möglichst große Anzahl von denkbaren Angriffen abgewehrt werden können. Und so nimmt dann auch deren praktische Anwendung neben den anderen Themen Prävention und Selbstbehauptung einen großen Raum ein.

2. Organisation des konzipierten Kurses

2.1. Zeitliche Organisation

Der Kurs findet kompakt an 2 Tagen an einem Wochenende mit jeweils 5 Stunden statt. Wir haben aus den Erfahrungen und den geäußerten Wünschen der Teilnehmerinnen heraus die Zeiten auf Samstag 15.00 bis 20.00 Uhr und Sonntag 09.00 bis 14.00 Uhr festgelegt. Dann können am Samstagvormittag noch Einkäufe getätigt werden und der Sonntagnachmittag kann für die Erholung und familiäre Aktivitäten genutzt werden.

2.2. Räumlichkeiten und finanzielle Kalkulation

Die Räumlichkeiten sollten zentral gelegen, damit gut erreichbar und zum anderen doch kostengünstig sein, damit die Kursgebühren im Rahmen gehalten werden können. Es wird ein angemessen großer Raum benötigt, in dem sich die Teilnehmerinnen entsprechend ihrer Anzahl und der übungsbedingten Bewegungsspannbreite frei bewegen können.
Dies können Schul-Turnhallen, Gemeindehäuser, Tagungshäuser oder wie z.B. in Hamburg Bürgerhäuser sein. Für das hier vorliegende Konzept wurde das Bürgerhaus in Hamburg-Barmbek ausgewählt. Für den ausgewählten Raum „Großes Seminar" im Erdgeschoß fällt für unseren geplanten Kompaktkurs am Wochenende ein Gesamtmietpreis von EUR 600 an. Für den Kurs ist eine Teilnehmerinnenzahl von 10 bis 16 vorgesehen, um eine individuelle Betreuung und ausreichenden Platz für

den Einzelnen gewährleisten zu können. Die Gebühr wird mit 100 EUR pro Teilnehmerin und damit einer Gesamteinnahme von 1.000 bis 1.600 EUR veranschlagt. Nach Abzug der Miete bleibt ein Betrag von EUR 400 bis 1.000 für Unterrichtsmaterial und Trainerhonorar übrig.

2.3.   <u>Werbung</u>

Es sollte eine Internetseite mit einem kurzen, eingängigen und themenbezogenen Namen eingerichtet werden, auf der der Kurs, das Thema und das Trainer-Team vorgestellt werden. Diese Website bildet dann die Basis für alle weiteren Werbemaßnahmen. Die Internetseite könnte z.B. www.frauen-sv-in-barmbek.de heißen.

Als Nächstes werden Postkarten produziert, die es z.B. in Sonderangeboten für 10 EUR für 100 Stück bei Vistaprint.de gibt. Die Vorderseite würde dann das Thema Selbstverteidigung grafisch darstellen, die Internetseite bewerben und dann möglicherweise wie folgt aussehen:

Frauenselbstverteidigung
in
Barmbek

Kompaktkurs im
Bürgerhaus:
Selbstbehauptung
und
Selbstverteidigung
für Frauen

www.Frauen-SV-in-Barmbek.de

Auf der Rückseite würden dann die Kursdaten inkl. Ort, Zeit und Kosten sowie Kontaktdaten abgedruckt. Diese Postkarten können z.B. im Bürgerhaus selbst, in Cafés und Kneipen verteilt bzw. ausgelegt werden.

In Hamburg gibt es stadtteilbezogene Wochenblätter, die an alle Haushalte kostenlos verteilt werden. Die Redaktionen sind in der Regel für lokale Veranstaltungsinfos dankbar und drucken diese gerne kostenlos ab. Eine Redakteurin zur Kursteilnahme einzuladen hat in der Vergangenheit sogar zu einem längeren redaktionellen Bericht inkl. Fotos mit entsprechender Werbewirksamkeit geführt.

Flucht ist die beste Selbstverteidigung

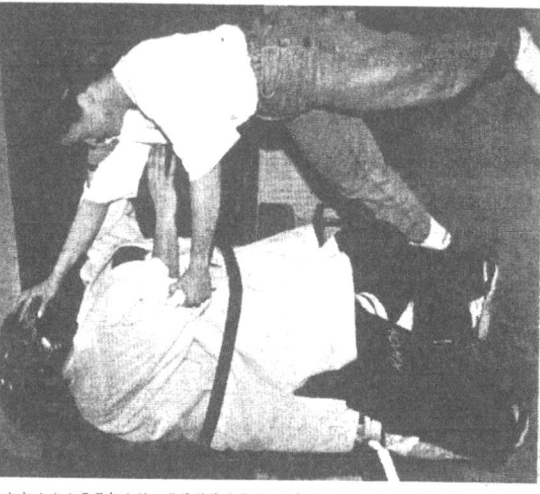

(ve). Keiner ist es zu wünschen, doch jeder kann es passieren: der Angriff in der Tiefgarage, der Überfall im Park oder die versuchte Vergewaltigung. Verschiedene Organisationen bieten inzwischen Selbstverteidigungskurse für Frauen an, in denen sie lernen können, sich bei einem Angriff gezielt zur Wehr zu setzen. Der Lokal-Anzeiger hat an einem dieser Kurse teilgenommen.

Zu den Anbietern gehört auch der Verein "American Ju-Jutsu Landesverband Hamburg" mit Sitz in Klein Borstel. Er bietet einen zehnstündigen Wochenendkursus an, in dem zwei Trainer und eine Trainerin Maßnahmen für die Abwehr von unerwünschter Belästigungen bis zur Abwehr eines lebensbedrohenden Angriffes vorstellen.

Am Beginn des Kurses dieses Vereines steht die Vermittlung der richtigen Einstellung. "Die Maßnahmen, die als Abwehr angewendet werden, müssen im richtigen Verhältnis zum Angriff stehen," so Trainer Stefan Habenicht, seit zehn Jahren aktiver Kampfsportler. "Deshalb gehen die Trainer im Kurs auch ausführlich auf die sexuelle Belästigung am Arbeitsplatz oder auf die Belästigung in der U-Bahn ein. Hier kann man oft mit den richtigen Worten schon einiges bewirken".

Doch im Laufe der zehn Stunden lernen die Teilnehmerinnen auch Techniken und Griffe, die bei korrektem Einsatz den Angreifer außer Gefecht setzen können. Einen großen Anteil am Erfolg dieser Maßnahmen hat der Überraschungseffekt: "Der Täter rechnet nicht damit daß das Opfer sich gezielt wehrt. Diesen Überraschungseffekt kann man ausnutzen, indem man sich nicht wie erwartet beim Angriff gleich vom Täter wegwendet und versucht zu fliehen, sondern sich ihm vor der Flucht zuwendet und ihn mit geeigneten Griffen außer Gefecht setzt".

Vor allem die Flucht ist für die Sportler des Ju-Jutsu-Verbandes das entscheidende Mittel: "Flucht ist die beste Verteidigung." Das schließt nicht aus, daß es im Kurs hart zur Sache geht. Vorhandene Skrupel, den Täter verletzten zu können, werden ausgeräumt. "Wenn es um das eigene Leben geht, muß "frau" sich in Notwehr verteidigen. Der Täter seinerseits nimmt ja auch keine Rücksicht auf die Gesundheit des Opfers."

Beim Einüben dieser Techniken ist man nicht zimperlich. "Dummy" Andreas Witt, eingepackt in dicke Schutzkleidung, fordert die Teilnehmerinnen durch Zurufe wie "Los - kämpft" oder "Gib's ihm!" zu hartem Durchgreifen auf. So werden im Laufe des Kurses aus verhalten eingreifenden Damen sich tapfer zur Wehr setzende Kämpferinnen. Teilnehmerin Rosa Meza: "Am Anfang hat es noch Überwindung gekostet, hart zuzutreten, weil man den Trainer nicht verletzen will. Doch die Scheu geht schnell weg."

Der Verband hat sich vorgenommen, für jeden Wochenendkurs nur sechs Teilnehmerinnen zuzulassen. Dies gewährleistet,

Trainerin Kerstin Schneider und "Dummy" Andreas Witt zeigen, wie man einen Angriff abwehrt.
Foto: ve

daß bei jeder Teilnehmerin aufmerksam die Fortschritte beobachtet werden können. Der noch junge Verband, er wurde im Jahre 1993 gegründet, stützt sich bei den Techniken allein auf den amerikanischen Kampfsport Ju-Jutsu. Nach der Sommerpause wird er weitere Selbstverteidigungskurse im September anbieten. Weitere Informationen sind unter erhältlich.

Beispiel eines redaktionellen Beitrages

2.4.   Informationsmaterial für die Teilnehmer

Im Vorwege werden die potentiellen Teilnehmerinnen über die Postkarten, die Berichte in den Stadtteilzeitungen und die Internetseite über das Angebot und den Ablauf informiert.
Als kursbegleitendes Lehrmaterial und zur Unterstützung des Übungsprozesses zuhause, wird jeder Teilnehmerin folgendes, speziell für den Kurs konzipiertes Lehrbuch überreicht (in der Kursgebühr enthalten):

Ju-Jutsu
Frauenselbstverteidigung

- Mit nur 11 Techniken rundum geschützt

In diesem Buch finden Sie effektive Techniken speziell für Frauen, die in einer Notwehrsituation ihre Gesundheit oder ihr Leben beschützen möchten. Ganz bewusst wurde auf unrealistische Show-Techniken sowie auf für die Polizei sinnvolle Festhalte- und Abführtechniken verzichtet. Lernen Sie mit diesem Buch, sich mit nur 11 Techniken effektiv zu verteidigen. Grundsätzlich sollten die Selbstverteidigungstechniken so einfach wie möglich sein. Was kompliziert ist, wird im Ernstfall unter Stress und Gegenwehr des Angreifers eh nicht funktionieren.

ISBN 978-3-8391-6805-9

11

2.5. Personelle Organisation

Das Team besteht aus einer Hauptreferentin (m/w) und je nach Teilnehmerinnenzahl 2 bis 3 Assistentinnen. Unter den Assistentinnen sollten sich mindestens 1 Frau bzw. 1 Mann befinden. Die Frauen werden für die Rollenspiele benötigt, bringen ihre eigenen Erfahrungen und die weibliche Sicht mit ein und lockern das Ganze etwas auf. Die Männer werden als Angreifer und insbesondere als Träger des Schutzanzuges benötigt.

3. Programmaufbau über 2 Tage

3.1. Erster Tag (Samstag), 15.00 bis 20.00 Uhr

3.1.1. Begrüßung, Ablaufübersicht, Organisatorisches

Die Teilnehmerinnen werden vom Trainer-Team begrüßt, das sich anschließend vorstellt. Das Thema des Kurses und der organisatorische Ablauf werden kurz benannt bzw. dargestellt. Es wird der Hinweis gegeben, den nächsten Tag eine Decke mitzubringen (für Übungen am Boden).

Dann stellen sich die einzelnen Gruppenmitglieder vor und benennen ihre Erfahrungen, Vorstellungen, Motivationen sowie Erwartungen an den Kurs. Die Erwartungen werden auf einzelne Karten geschrieben und an eine Wand gepinnt oder alternativ an einem Flipchart notiert.

3.1.2.   Theorieteil Notwehr

Das Thema Notwehr und Nothilfe wird gemäß Gliederungspunkt Nr. 6. auf den Seiten 38 ff. erläutert und diskutiert.

3.1.3.   Rollenspiele

Es sind die unterschiedlichsten Situationen, in denen Belästigungen möglich sind, denkbar. Nachfolgend werden einige Beispiele und die darauf möglichen Reaktionen aufgeführt. Zum einen sollte sich das Trainerteam weitere Gedanken zu diesem Thema machen und zum anderen sollten auch die Teilnehmerinnen des Kurses an der Findung weiterer Beispiele und Gegenmaßnahmen einbezogen werden. Durch die Rollenspiele soll die Selbstbehauptung und damit auch die Prävention geschult werden, bevor es zu einer ernsteren körperlichen Auseinandersetzung kommt. Der Angreifer ist stets zu siezen, damit in der Umgebung nicht der Eindruck eines persönlichen Verhältnisses entsteht. Viele Menschen scheuen sich davor, in einen „Beziehungsstreit" einzugreifen. Daher muss erkennbar sein, dass **die Frau von einem Unbekannten belästigt wird**. Auch Beleidigungen sind zu unterlassen, um den Angreifer nicht weiter zu provozieren und im Umfeld keinen falschen Eindruck zu erwecken (Mitschuld, Verursacherin etc.).

3.1.3.1. <u>Situationen in der U-Bahn</u>

3.1.3.1.1. <u>Im Sitzen, Hand auf Knie</u>

Der Belästiger sitzt in der U-Bahn neben seinem „Opfer" und legt seine Hand auf dessen Knie.

Reaktion: Hand auffällig für andere Fahrgäste wegnehmen und durch den laut gesprochenen Text „Öffentlichkeit schaffen": „Nehmen Sie Ihre Hand von meinem Knie!"

3.1.3.1.2. <u>Im Sitzen mit Arm umlegen</u>

Der Belästiger sitzt in der U-Bahn neben seinem „Opfer" und legt seinen Arm um dessen Körper.

Reaktion: Den Angreifer wegstoßen und sich energisch Platz verschaffen. Dazu der wieder laut gesprochene Text: „Fassen Sie mich nicht an!"

3.1.3.1.3. <u>Im Stehen, dichtes Gedränge</u>

Die Frau steht in der U-Bahn in dichtem Gedränge und wird von Hinten am Po betatscht. Als Variation wäre auch ein Griff von vorne zwischen die Beine denkbar. Diese Situation ist auf jegliche Menschenansammlung übertragbar (Schlange an Kinokasse etc.).

Reaktion: Hand mit festem Griff ergreifen, nach Möglichkeit hochhalten, um wieder Öffentlichkeit zu schaffen, und den Text sprechen: „Fassen Sie mich nicht an!"

3.1.3.2. <u>Situationen im Büro</u>

3.1.3.2.1. <u>Am Schreibtisch sitzend</u>

Die Frau sitzt am Schreibtisch und ein einschlägig bekannter Kollege betritt den Raum.

Reaktion: Präventiv die Schublade des Schreibtisches herausziehen, damit er sich nicht daneben stellen kann. Ihm ins Gesicht sehen und direkt ansprechen (kein devotes Verhalten zeigen). Sobald ungewollter Körperkontakt entsteht, diesen sofort aufheben. Mit dem Bürostuhl forsch zurückrollen und aufstehen, um die Ausgangsposition zu verbessern und dem Kollegen damit klar zu machen, dass man kein „Opfer" ist.

Wenn ein Kollege an einem Besprechungstisch zu nahe rückt: Körperkontakt durch Wegrücken aufheben und durch den gesprochen Text bei den anderen Kollegen Aufmerksamkeit erregen: „Ist es Ihnen zu eng? - Ich rutsche ein Stück!" Jeder andere Kollege wird Bescheid wissen und der Belästiger wird keine weiteren Aktionen wagen.

3.1.3.2.2. <u>Am Kopierer stehend</u>

Die Frau steht am Kopierer, der Kollege kommt hinzu und legt den Arm um sie. Alternativ könne er auch seine Hand auf ihren Po legen.

Reaktion: Den Belästiger wegstoßen, sich Platz schaffen bzw. die Hand energisch wegnehmen und dazu den Text sprechen: „Unterlassen Sie das!"

3.1.3.3. Situationen im Auto

3.1.3.3.1. Allgemeine Sicherheitshinweise

- Niemals selber per Anhalter bei Unbekannten mitfahren;
- Niemals Fremde im Auto mitnehmen;
- Nachts öffentliche Verkehrsmittel meiden, lieber ein Taxi nehmen oder notfalls den Wagon direkt hinter dem Zugfahrer wählen;
- Nachts einschlägig bekannte Gegenden meiden, nicht den kürzeren Weg durch den dunklen Park gehen etc..

3.1.3.3.2. Auftretende Probleme bei Mitnahme von Kollegen und Vorgesetzten

Eindringlicher Hinweis: Es sollten niemals Fremde im Auto mitgenommen werden!

Die Frau wird als Fahrerin im Auto durch Kollegen, Vorgesetzte oder andere Bekannte belästigt.

Reaktion: An den Rand fahren, dort anhalten und den Belästiger aussteigen lassen. Wenn er sich weigern sollte, selber aussteigen und den Schlüssel mitnehmen. Nachts oder auf der Landstraße ist diese Reaktion natürlich nicht empfehlenswert. Notfalls sind härtere Verteidigungsmaßnahmen erforderlich. Dazu später mehr.

3.1.4. Angriffsziele beim Mann

Gemäß dem Schaubild unter Punkt 5. auf Seite 37 werden die einzelnen Punkte am „Mann" gezeigt und erläutert. Insbesondere, wie man sie bearbeiten kann und wie sich das auswirkt.

3.1.5. Vorstellung der 11 Verteidigungstechniken

Es werden die unter Punkt 4. ab Seite 25 aufgeführten Verteidigungstechniken vorgestellt und ausführlich demonstriert. Danach werden sie paarweise unter Anleitung ausprobiert (Bewegungsablauf einüben). Nach einer gewissen Übungs- und Ablaufroutine werden die Techniken an Pratzen und Schlagpolstern geübt, um ein Gefühl für Schlaghärte und Widerstand zu bekommen.

Als Tagesabschluss für den Samstag werden die bis dahin erlernten Techniken am Trainer im Schutzanzug im Vollkontakt durch die Teilnehmerinnen angewendet.

3.2. Zweiter Tag (Sonntag), 09.00 bis 14.00 Uhr

3.2.1. Praktische Anwendung der SV-Techniken gegen verschiedene Angriffe

Nachfolgend werden beispielhaft die vorgestellten Selbstverteidigungstechniken gegen verschiedene

17

Angriffe in den Positionen „im Stand", „im Sitzen" und „am Boden" praktisch angewendet. Jeder Trainer kann natürlich sein eigenes System von Techniken unterrichten und eigene Angriffsmöglichkeiten auswählen. Letztendlich sollte auch auf die Wünsche der Kursteilnehmerinnen eingegangen werden, wenn diese andere Vorstellungen von möglichen Angriffen und Probleme mit bestimmten Verteidigungstechniken haben.

Nachfolgend wird erst der Angriff benannt und dann die Abwehrkombination aufgelistet. Nach erfolgter Abwehrkombination sollte sofort die Flucht ergriffen werden. Weitere Kombinationen sind unserem Lehrbuch für Frauen-SV zu entnehmen.

3.2.1.1.   <u>Im Stand</u>

Angriff: Nicht erwünschtes Umfassen der Taille / Schulter,
Verteidigung: Quetschgriff;

Angriff: Griffansatz zur Brust,
Verteidigung: Fixieren der fassenden Hand auf der Brust und Knee-Kick, dann Handballenstoß zum Kinn;

Angriff: Griff ins Revers / in die Jacke,
Verteidigung: Preßluftschlag, dann Knieschlag und Knee-Kick;

Angriff: Würgen von vorn,
Verteidigung: Tigerkralle, dann Knee-Kick;

Angriff: Würgen von der Seite,
Verteidigung: Ellenbogenstoß seitwärts, dann Fußstoß seitwärts;

Angriff: Würgen von hinten,
Verteidigung: Fußtritt rückwärts zum „Weichspülen", dann Lösetechnik des Griffes durch Körperdrehung mit erhobenem Arm (bei Drehung links, linker Arm);

Angriff: Beide Arme werden von vorne gepackt,
Verteidigung: Knee-Kick, dann Distanzverkürzung und Quetschgriff sowie Knieschlag;

Angriff: Körperumklammerung von hinten über den Armen mit Brustfassen,
Verteidigung: Fußtritt rückwärts, umgekehrter Quetschgriff;

Angriff: Körperumklammerung von vorn über den Armen mit Kussversuch,
Verteidigung: Quetschgriff, dann Knieschlag (Serie bei Bedarf);

Angriff: Körperumklammerung von hinten über den Armen mit Brustfassen mit der einen und Mundzuhalten mit der anderen Hand,
Verteidigung: Fußtritt rückwärts zum Knie/Schienbein, Ellenbogenstoß rückwärts, Quetschgriff;

Angriff: Mit einer Hand wird die Schulter von hinten erfasst, um die Frau herumzureißen,
Verteidigung: Sich umdrehen lassen und mit der Drehbewegung einen Handballenstoß in das Gesicht des Angreifers platzieren, dann den Gegner mit beiden Händen erfassen und in den Knieschlag ziehen;

Angriff: Einhändiges Handgelenkfassen einer Hand von hinten,
Verteidigung: Umdrehen und mit der Drehbewegung Handballenstoß oder Tigerkralle in das Gesicht des Gegners, dann Knee-Kick;

Angriff: Beide Handgelenke werden von hinten erfasst,
Verteidigung: Mehrere Fußtritte rückwärts wie ein ausschlagender Esel;

Angriff: Griff in die Haare von hinten mit einer Hand,
Verteidigung: Mit einer Hand die fassende Hand sichern, mit dem anderen Arm Ellenbogenstoß rückwärts auf den Solar Plexus oder in den Magen, Quetschgriff und mit der anderen Hand den Griff in die Haare lösen.

Zum Abschluss der Angriffserie im Stand zieht einer der männlichen Trainer den Schutzanzug an und greift die Frauen der Reihe nach mit den zuvor geübten Angriffen an. Diese müssen dann im Vollkontakt die erlernten Abwehrkombinationen abspulen. Der Trainer kann die Abwehrkombinationen jeweils noch einmal vorher vormachen, bevor dann die einzelnen Kursteilnehmerinnen dran sind. Hier ist wieder das Prinzip wiederholen, wiederholen, wiederholen wichtig.

3.2.1.2. Im Sitzen

Angriff: Armumlegen Oberkörper, andere Hand auf das Knie,
Verteidigung: Sich dem Angreifer zuwenden und gleichzeitig einen Handballenstoß in das Gesicht platzieren, dann sich entwinden und Flucht; Auch denkbar hier die Tigerkralle in die Augen;

Angriff: Das Opfer sitzt auf einer Bank, der Aggressor nähert sich von hinten und greift mit beiden Händen über die Schultern an die Brust,
Verteidigung: Eindrehen und Tigerkralle in die Augen;

Angriff: Würgen von vorne mit beiden Händen,
Verteidigung: Knieschlag in den Genitalbereich des vor uns stehenden Gegners, dann Quetschgriff und wegschieben, um aufstehen und fliehen zu können.

3.2.1.3. Am Boden

Die Frau liegt bei allen nachfolgenden Angriffen auf dem Rücken am Boden. Der Täter will sein Opfer vergewaltigen und es zuvor durch eine Würgetechnik gefügig machen. Dies ist wiederum nur eine beispielhafte Aufzählung. Auch hier sind natürlich andere Angriffe und Varianten denkbar.
Jetzt kommen die mitgebrachten Decken zum Einsatz (Hinweis vom Vortag an die Kursteilnehmerinnen).

Angriff: Der Angreifer befindet sich über dem Opfer zwischen dessen Beinen und würgt es mit beiden Händen,
Verteidigung: Tigerkralle in das Gesicht mit Nachdrücken in die Augen, Abrollen des Gegner zur Seite unter Beibehaltung des Druckes auf die Augen, in die andere Richtung wegrollen und Flucht; Alternativ wäre ein beidseitiger Preßluftschlag auf die Ohren mit nachfolgendem Genickdrehhebel, um damit den Gegner wiederum abzuwerfen;

Angriff: Der Angreifer sitzt im Reitsitz auf dem Oberkörper der Frau und würgt diese mit beiden Händen,
Verteidigung: Tigerkralle in das Gesicht mit Nachdrücken in die Augen und Abwurf;

Angriff: Der Angreifer kniet an der Kopfseite der Frau und würgt diese von hinten,
Verteidigung: Beidseitiger Preßluftschlag auf die Ohren und umgekehrter Genickdrehhebel.

3.2.2. <u>Anwendung von Alltagsgegenständen als Verteidigungsmittel</u>

3.2.2.1. <u>Schlüssel/Kugelschreiber/Kubotan</u>

Mitgeführte Schlüssel, Kugelschreiber oder ein Kubotan als Schlüsselanhänger können in Form von Stich- und Hackbewegungen auf die menschlichen Angriffsziele gemäß Schaubild unter Punkt 5. auf Seite 37 als Waffe eingesetzt werden. Dies kann bei allen zuvor aufgelisteten Angriffen geschehen. Mögliche Kombinationen finden sich beispielhaft in unserem Lehrbuch Frauen-SV oder ausführlicher in unserem Lehrbuch „Selbstverteidigung mit dem Kubotan / Palm Stick..." (siehe Buchempfehlungen im Anhang ab S. 42).

3.2.2.2.   Regenschirm

Mit einem (Stock-)Regenschirm kann ein Angreifer, insbesondere wenn er bewaffnet ist, sehr gut auf Distanz gehalten werden. Dies geschieht dann durch Stichbewegungen mit der Spitze in Richtung Gesicht/Augen oder Genitalbereich. Mit dem Schirm können Angriffe auch durch Blöcke abgewehrt werden und nachfolgend sind Schlagbewegungen mit unserem Werkzeug möglich. Auch mit einem kleinen „Knirps" können Stöße und Schläge gegen Kopf und Genitalbereich gerichtet werden.

3.2.2.3.   Buch

Ein Buch kann mit der Kante ebenfalls in das Gesicht oder den Genitalbereich gerammt werden. Am härtesten sind natürlich gebundene Ausgaben (Hardcover).

Grundsätzlich kann alles genutzt werden, was wir gerade in Händen halten oder sich in greifbarer Nähe bei einem Angriff befindet. Die Vorstellung dieser Beispiele soll die Fantasie dafür bei den Teilnehmerinnen anregen. Man könnte also noch zum Abschluss dieses Kursteiles ein kleines Brainstorming machen, bei dem die Frauen ihre Ideen einbringen können. Steht noch genug Zeit zur

Verfügung und haben wir diese Gegenstände dabei (Bratpfanne, Kochlöffel, Gabeln etc.) können wir dies auch noch demonstrieren. Also vorher schon Gedanken machen und eine kleine Auswahl dabei haben. Für den nächsten Kurs wissen wir dann, was noch in unserer Sammlung fehlt.

3.2.3. <u>Abschlussgespräch und Organisatorisches</u>

Während des Abschlussgespräches soll mit den Teilnehmerinnen die Frage geklärt werden, ob die Erwartungen an den Kurs erfüllt wurden. Dabei werden die zu Beginn gemachten Aufzeichnungen auf den Kärtchen an der Wand bzw. am Flipchart hinzugezogen. Dies dient auch unserer eigenen Qualitätssicherung. Wir können die gewonnenen Erkenntnisse für zukünftige Kurse nutzen.

Wir verteilen Werbezettel für unseren nächsten Kurs, informieren über unser regelmäßiges Trainingsangebot bieten nochmal unser Lehrbuch sowie Kubotan-Schlüsselanhänger zum Verkauf an.

4. Die zu vermittelnden Techniken
4.1. Der Preßluftschlag

Beide Hände sind geöffnet und leicht zu Muscheln geformt, die Finger sind zusammen und nicht gespreizt. Der Preßluftschlag erfolgt mit einer Halbkreisbewegung von außen nach innen, um den nötigen Schwung zu holen, und sollte gleichzeitig auf beide Ohren des Gegners auftreffen. Durch die Form der Hände und die Wucht des Schlages entsteht im äußeren Gehörgang ein Überdruck, der das Trommelfell zum Platzen bringt.
Der Betroffene nimmt dies als explosionsartiges Erlebnis im Kopf wahr. Das sich im Ohr befindende Gleichgewichtsorgan wird in Mitleidenschaft gezogen. Der Betroffene verliert die Orientierung und geht zu Boden. Wird der Preßluftschlag richtig angewendet, hat er längere Kampfunfähigkeit und evtl. sogar bleibende Schäden zur Folge. In einer lebensbedrohlichen Situation ist seine Anwendung jedoch durchaus berechtigt.

4.2.   Der Knieschlag

Der Knieschlag erfolgt mit der Kniespitze in einer halbkreisförmigen Bewegung durch dynamisches Hochreißen des Knies. Das Bein ist im Kniegelenk angewinkelt. Der Fuß ist nach unten gestreckt, um beim Anheben ein Festhaken an der Kleidung des Angreifers zu vermeiden. Das beste Angriffsziel ist natürlich der Genitalbereich des Mannes. Weitere mögliche Ziele sind der Bauch, Oberkörper und das Gesicht, wobei in diesen Fällen der Mann eine vorgebeugte Haltung haben muss, um das Angriffsziel erreichen zu können. Der Angreifer sollte bei der Anbringung der Technik mit beiden Händen an der Kleidung, an den Armen oder um den Nacken gepackt werden, um ihn in den Knieschlag hinein zu ziehen. Als Nebeneffekt wird dadurch die eigene Standsicherheit verbessert.

4.3.   Die Tigerkralle

Die Hand ist geöffnet, die Finger gespreizt und leicht gebeugt. Die Fingerspitzen bilden einen Halbkreis und zeigen nach vorne. Mit dieser Tigerkralle werden die Fingerspitzen nach vorn in das Gesicht des Angreifers gestoßen. Der Stoß erfolgt geradlinig-aufwärts durch Strecken des zuvor angewinkelten Armes. Die Krümmung der Finger ist dabei sehr wichtig, um eine Stauchung zu vermeiden. Lange Fingernägel sind bei der Anwendung dieser Technik kein Hindernis. Werden sie im Notfall in das Gesicht bzw. die Augen des Angreifers gestoßen, sind sie dem Erfolg sogar förderlich. Augen sind sehr empfindlich. Werden sie verletzt, empfindet der Betroffene nicht nur starke Schmerzen sondern ist durch die tränenden Augen in seiner Sicht stark behindert und orientierungslos. Dies bietet dann die Möglichkeit zur Flucht.

4.4.   Der Ellenbogenstoß seitwärts

Beim Ellenbogenstoß seitwärts wird der Arm angewinkelt, so dass der Unterarm waagerecht am Oberkörper anliegt. Die Hand ist zur Faust geballt und der Faustrücken zeigt nach vorn. Um den Stoß zu verstärken, wird der Arm nicht nur eng am Körper zur Seite dynamisch ausgefahren sondern ein Gleitschritt in die gleiche Richtung durchgeführt. Dieser Körpereinsatz verleiht dem Ellenbogenstoß mehr Power. Der Stoß erfolgt mit der Ellenbogenspitze und zielt auf den Bauchbereich oder den Solar Plexus des Mannes. Beim Solar Plexus, auch Sonnengeflecht genannt, handelt es sich um einen empfindlichen Nervenpunkt, der sich etwas unterhalb der Mitte zwischen beiden Brustwarzen befindet (zur Lage siehe auch Zeichnung unter Gliederungspunkt 5. auf Seite 37).

Auf den Fotos sehen wir bereits die Endstellung: Der Arm ist ausgefahren, der Verteidiger steht nach dem seitlichen Gleitschritt in einer tiefen stabilen Beinstellung; beim Auftreffen der Technik ist der gesamte Körper anzuspannen.

4.5.   Der Ellenbogenstoß rückwärts

Der nötige Schwung für den Ellenbogenstoß rückwärts wird dadurch geholt, dass der Arm nach vorn gestreckt wird. Dabei ist die Hand geöffnet und der Handrücken zeigt nach oben. Dann wird der Arm geradlinig und eng am Körper vorbei mit einer kraftvollen und schnellen Bewegung nach hinten gezogen. Gleichzeitig wird die Hand zu einer Faust geschlossen und nach außen gedreht, so dass der Faustrücken nun nach unten zeigt. Durch das Schließen und Drehen der Faust wird die Ausführung noch verstärkt. Weitere Dynamik erhält diese Technik durch einen Schritt mit dem gleichseitigen Bein rückwärts auf den Angreifer zu. Auf dem Foto sieht man die Endstellung für einen Ellenbogenstoß rechts mit einem Schritt mit dem rechten Bein rückwärts. Die Ellenbogenspitze zielt auf den Bauchbereich oder den Solar Plexus. Der Angreifer befindet sich bei seinem Angriff hinter uns (z.B. Würgen mit dem Unterarm von hinten).

4.6.   Der Knee-Kick

Diese spezielle Fußtechnik wird in verschiedenen Kung-Fu-Stilen praktiziert. Der Fuß wird angezogen, wobei die Fußspitze nach oben-außen zeigt. Das Bein wird angezogen, um dann sogleich dynamisch schräg nach vorn-unten gestoßen zu werden. Die Innenkante des Fußes bzw. Schuhes zielt auf schmerzempfindliche Punkte, wie Schienbein oder evtl. das Knie, des frontal vor uns stehenden Angreifers. Auf dem linken Foto, das schräg von vorn aufgenommen wurde, befindet sich das Bein bereits in der Endstellung. Der Verteidiger hat nun die Möglichkeit, das Bein zurückzuziehen oder am Schienbein des Angreifers entlang herabrutschen zu lassen, ihm so die dünne und empfindliche Haut aufzureißen und maximale Schmerzen zu bereiten. Diese Technik ist in erster Linie für frontal erfolgende Angriffe geeignet.

4.7.   Der Fußstoß seitwärts

Der Fuß wird angezogen, der Fußrücken in Richtung Schienbein, das Bein durch Beugen des Knies senkrecht angehoben und dann kraftvoll und schnell seitlich nach unten-außen gestoßen. Diesmal trifft die Fußaußenkante bzw. der Schuhabsatz auf das Schienbein oder das Knie des Angreifers auf. Dabei muss man sich vorstellen, durch das Bein des Gegners hindurchtreten zu wollen und nicht schon vor oder bei der Ausführung ans Abstoppen der Technik denken.

Zum Abschluss kann das Bein zurückgezogen werden oder man kann am Schienbein des Angreifers herabrutschen, ähnlich wie beim Knee-Kick. Auf beiden Fotos wird die Endstellung der Technik gezeigt. Das eine Foto wurde von der Seite, das andere aus Sicht des Aggressors aufgenommen.

4.8.   Der Quetschgriff

Diese Technik ist eigentlich eine Kombination aus zwei Techniken. Die anfängliche Fingerhaltung gleicht der der Tigerkralle, wobei nun abweichend der Handrücken zu Boden zeigt. Die Tigerkralle wird diesmal von unten nach vorne in den Genitalbereich des Mannes gestoßen. Dort angelangt, packt die Hand fest zu und beginnt den Faustinhalt kräftig zu quetschen (= Quetschgriff). Bei Bedarf kann auch noch ein Reißen erfolgen. Ist der Mann bereits im erregten Zustand, ist der Quetschgriff für ihn umso schmerzhafter. Die Anwendung kostet viele Frauen zu Anfang eine große Überwindung. Es muss jedoch verdeutlicht werden, dass diese Verteidigungshandlung dem Schutz der Gesundheit oder des Lebens dient und daher durchaus berechtigt ist. Auf dem Foto ist die bereits ausgeführte Tigerkralle zu sehen. Als nächstes würde die Hand geschlossen werden, um dann den Faustinhalt zu quetschen.

4.9.　　Der Fußtritt rückwärts

Diese Technik gleicht dem Ausschlagen eines Esels. Auch hier wird der Fuß in Richtung Schienbein angezogen. Das Knie wird in eine 90°-Stellung gebeugt und das Bein nach vorn angehoben, bis der Oberschenkel sich in einer waagerechten Position zum Boden befindet. Dann erfolgt der Fußtritt mit einer Bewegung aus der Hüfte nach hinten durch Vorbeugen des Oberkörpers, wobei die 90°-Stellung des Knies beibehalten wird. Der Absatz des Schuhes zielt dabei auf folgende Punkte: Genitalbereich, Oberschenkel, Knie oder Schienbein des Angreifers. Auf dem Foto sehen wir die Endposition der Technik mit nach hinten ausgefahrenem und angewinkeltem Bein sowie vorgebeugtem Oberkörper. Der Fußtritt rückwärts ist für Angriffe von hinten geeignet.

4.10.   Der Handballenstoß

Die Hand ist geöffnet und der Handrücken wird in Richtung Unterarm angewinkelt. Die Finger sind zusammen und die Fingerspitzen leicht gebeugt, um eine maximale Spannung in der Hand zu erhalten. Der Daumen liegt an. Der Arm wird angewinkelt und dann nach vorn-aufwärts, geradlinig ins Ziel gestoßen. Dabei trifft der Handballen auf die Nase oder von unten gegen das Kinn. Das Foto ist von vorn aus der Sicht des Angreifers aufgenommen und zeigt den Handballenstoß in der Endphase mit nahezu gestrecktem Arm.

4.11.   Der Genickdrehhebel

Die eine Hand greift in den Nacken oder die Haare des Angreifers. Die andere Hand mit einer Handhaltung wie beim Handballenstoß wird mit dem Handballen von unten gegen das Kinn gesetzt. Der Kopf wird mit einem kräftigen Ruck nach hinten gerissen bzw. gedrückt und dann zur Seite gedreht. Das erste Foto zeigt die Kippbewegung nach hinten und das zweite Foto die Drehbewegung zur Seite. Achtung: Gefährliche Technik, bitte vorsichtig üben!

Die zuvor dargestellten Verteidigungstechniken erscheinen auf den ersten Blick brutal und abschreckend. Man muss sich jedoch immer wieder folgende Punkte vor Augen führen:

- wir sind rechtswidrig angegriffen worden,
- unsere Gesundheit und unser Leben sind in Gefahr,
- wir haben ein Recht darauf, die Unversehrtheit unserer Person zu schützen,
- wir brauchen mit dem Aggressor kein Mitleid zu haben, denn er hat auch kein Mitleid mit uns,
- der Angreifer hat die Gewalt begonnen, wir beenden sie nur,
- ein Zögern oder Skrupel können wir uns nicht leisten, wenn wir überleben wollen,
- wir müssen sofort und reflexartig handeln, dabei unsere gesamte Energie einsetzen und mit voller Härte vorgehen, um überhaupt eine Chance zu haben,
- gefährliche Techniken, wie z.B. der Genickdrehhebel, sind mit Bedacht und nur in lebensbedrohlichen Situationen anzuwenden!

5. Angriffsziele beim Mann

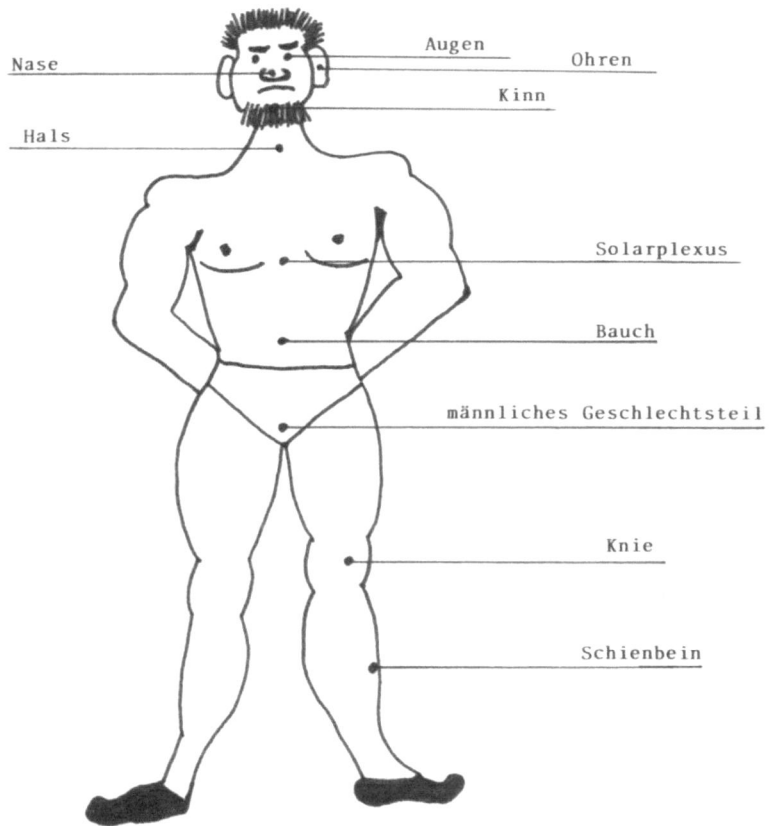

Nase
Augen
Ohren
Kinn
Hals
Solarplexus
Bauch
männliches Geschlechtsteil
Knie
Schienbein

6.   Ausführungen zur Notwehr und Nothilfe

In gebotener Kürze und ohne rechtswissenschaftlichen Anspruch soll hier auf die rechtliche Grundlage jeder Selbstverteidigungshandlung mit Hilfe der in diesem Buch gezeigten Techniken eingegangen werden.

Jeder Mensch hat ein durch die Verfassung garantiertes Recht auf körperliche Unversehrtheit. Daraus folgt wiederum, dass jedermann sich (= Notwehr) oder einen anderen (= Nothilfe) gegen einen rechtswidrigen Angriff verteidigen darf. Diese Rechte sind in den Paragraphen 32 Strafgesetzbuch (StGB), 227 Bürgerliches Gesetzbuch (BGB) und 15 Ordnungswidrigkeitengesetz (OWiG) niedergelegt.

Die grundsätzliche Aussage in allen diesen Paragraphen ist, dass eine durch Notwehr gebotene Handlung nicht rechtswidrig ist. Wer sich verteidigt, macht sich also nicht strafbar.
Notwehr ist dabei diejenige Verteidigungshandlung, welche erforderlich ist, um einen gegenwärtigen rechtswidrigen Angriff von sich oder einem anderen abzuwehren.

Es muss ein Angriff in Form eines menschlichen Verhaltens vorliegen, durch das eine Verletzung rechtlich geschützter Güter oder Interessen droht. Der Angriff muss gegenwärtig sein, das bedeutet, er muss unmittelbar bevorstehen, begonnen haben oder noch andauern. Rechtswidrigkeit ist gegeben, wenn der Angriff gegen gesetzliche Vorschriften verstößt und für den

Angreifer keine Rechtfertigungsgründe (z.B. seinerseits Notwehr = Rechtfertigungsgrund) vorliegen.

Die Verteidigungshandlung, also die Abwehr des Angriffs, muss erforderlich sein. Sie ist erforderlich, wenn sie geeignet ist, den Angriff sofort und nachhaltig unter Anwendung des relativ mildesten verfügbaren Gegenmittels abzuwehren. Dabei gibt es keine Güterabwägung zwischen dem angegriffenen und dem durch die Verteidigungshandlung beeinträchtigten Rechtsgut. Es besteht für den Verteidiger keine Pflicht zum Ausweichen, denn das Recht braucht dem Unrecht nicht zu weichen.

Bei den in diesem Buch dargestellten Angriffssituationen handelt es sich um ernsthafte und gefährliche Angriffe von Männern auf körperlich unterlegene Frauen. Daher sind die vorgeschlagenen Gegenmaßnahmen durchaus durch das deutsche Notwehrrecht gedeckt.

Als vertiefende Literatur zu diesem komplexen Thema kann ich folgende Empfehlungen geben:

- Rolf Schmidt: Strafrecht Allgemeiner Teil, Verlag Dr. Rolf Schmidt GmbH, Grasberg bei Bremen, 8. Auflage 2009, Seite 119 ff. ;
- Urs Kindhäuser: Nomos Kommentar Strafgesetzbuch, Nomos Verlagsgesellschaft, Baden-Baden, 4. Auflage 2010, Seite 283 ff.;
- Hans Brox, Wolf-Dietrich Walker: Allgemeiner Teil des BGB, Carl Heymanns Verlag, Köln, 33. Auflage 2009, Seite 291 ff.;

- Reiner Schulze u.a.: Nomos Kommentar Bürgerliches Gesetzbuch, Nomos Verlagsgesellschaft, Baden-Baden, 6. Auflage 2009, Seite 204 ff..

7.   Praktische Erfahrungen und Schlussfolgerungen

Zu Beginn der Kurse sind die Frauen beim Üben der Selbstverteidigungstechniken insbesondere an den Schlagpolstern und an unserem Angreifer im Schutzanzug sehr zurückhaltend, ja geradezu ängstlich. Sie wollen nichts kaputt machen und niemanden verletzten.

Interessant ist dann zu beobachten, wie sich während des Kurses die Einstellung und das Verhalten der Frauen verändert. Sie haben mehr Selbstvertrauen gewonnen und ein ganz anderes Körpergefühl hat sich eingestellt.

Die Teilnehmerinnen haben ihren Körper als mögliche Waffe zur Selbstverteidigung begriffen und sind nun bereit, ihn auch dafür einzusetzen. Einigen scheint es geradezu Spaß zu machen, unseren Angreifer im Schutzanzug mal so richtig zu „vermöbeln". Damit haben sie einen entscheidenden Vorteil gewonnen. Konnte der Angreifer in der Regel zuvor mit wenig oder gar keiner Gegenwehr rechnen, wird er nun mit einer „explodierenden" Frau konfrontiert, die das eingeübte SV-Programm bestenfalls reflexartig abspult.

Natürlich ist es mit nur einem SV-Kurs nicht getan und so sollten wir Wiederholungskurse oder besser noch ein regelmäßiges Training dringend empfehlen. So oder so ist ein erster Schritt getan und eine Verbesserung der Ausgangssituation herbeigeführt.

8. Buchempfehlungen

„Ju-Jutsu Frauenselbstverteidigung"
Mit nur 11 Techniken rundum geschützt

von
Stefan Wahle
ISBN 978-3-8391-6805-9

zu beziehen über den Buchhandel oder **www.amazon.de**

In diesem Buch finden Sie effektive Techniken speziell für Frauen, die in einer Notwehrsituation ihre Gesundheit oder ihr Leben schützen möchten. Ganz bewusst wurde auf unrealistische Show-Techniken sowie auf für die Polizei sinnvolle Festhalte- und Abführtechniken verzichtet. Lernen Sie mit diesem Buch, sich mit nur 11 Techniken effektiv zu verteidigen. Grundsätzlich sollten die Selbstverteidigungstechniken so einfach wie möglich sein. Was kompliziert ist, wird im Ernstfall unter Stress und Gegenwehr des Angreifers eh nicht funktionieren.

Warum gerade dieses Buch? Es gibt unzählige Angebote von Frauenselbstverteidigungs-Büchern, -Kursen und -Systemen. Allerdings wurde bei der Entwicklung der meisten Systeme etwas Entscheidendes vernachlässigt: Die körperlichen Gegebenheiten von Frauen, die häufig aufgrund von körperlicher Unterlegenheit viele der dort angedachten Techniken entweder gar nicht ausführen können oder nur mit einem großen Risiko, dass sie selbst dabei zu Schaden kommen.

Viele Selbstverteidigungsstrategien basieren häufig auf Kampfsport- oder Kampfkunsttechniken. Nur muss Selbstverteidigung einfach strukturiert und in kürzester Zeit für jeden unabhängig von körperlichen Gegebenheiten erlern- und umsetzbar sein. Für Kampfsport und Kampfkunst werden Jahre des intensiven Trainings benötigt, um diese nach und nach besser beherrschen zu können.

Lernen Sie in kürzester Zeit mit nur 11 Techniken, wie Sie sich im Ernstfall Ihrer Haut wehren und durch gezielte Vermeidungs- und Verteidigungsstrategien gut vorbereitet in Krisensituationen reagieren können.

Paperback, 120 Seiten, über 100 Fotos

 Verlag BoD, Norderstedt

Preis: 10,99 EUR

„American Ju-Jutsu Straßenkampf by Stefan Wahle"
Selbstverteidigungstechniken für die Praxis

von
Stefan Wahle

ISBN 978-3-7357-9292-1

zu beziehen über den Buchhandel oder **www.amazon.de**

Die moderne Selbstverteidigungssportart Ju-Jutsu wurde in langjähriger Arbeit vom Deutschen Dan-Kollegium e.V. im Auftrage des Deutschen Judo-Bundes e.V. (DJB) entwickelt und entstand ursprünglich aus einer Zusammenstellung von effektiven Techniken aus den Traditionssportarten Judo, Karate, Aikido sowie dem alten Jiu-Jitsu und wurde von der deutschen Polizei als Ausbildungsbestandteil übernommen.

1989/90 kam es dann aber zum Bruch innerhalb des DJB und es spalteten sich diverse Ju-Jutsu-Verbände ab, die das System unterschiedlich weiterentwickelten. 1993 gründete sich in Hamburg der gemeinnützige Sportverband "American Ju-Jutsu Landesverband Hamburg e.V.", in dem amerikanische Kampfkunst-/-sporteinflüsse zum Tragen kamen. Das lag unter anderem auch an der Mitgliedschaft in der in Amerika ansässigen "International Federation of Ju-Jutsuans". Diese besonderen Ausprägungen gingen weg vom judolastigen Sport hin zum realistischen Straßenkampf ohne Schnörkel und Show-Techniken. Auch die polizeitypischen Abführtechniken sucht man dort vergebens, da diese für den normalen Bürger uninteressant sind. Man trennte sich von unnötigen Ballast und vertrat das Moto, dem jede Selbstverteidigung folgen sollte: "Keep it simple!".

Dieses Buch beschäftigt sich mit über 200 Fotos mit realistischen Technikkombinationen für die Selbstverteidigung des Normalbürgers, der in einer Notwehrsituation seine Gesundheit oder sein Leben schützen möchte.

Paperback, 144 Seiten, über 200 Fotos

Verlag BoD, Norderstedt

Preis: 11,99 EUR

„Selbstverteidigung mit dem Kubotan /
Palm Stick by Stefan Wahle"

- Grundtechniken und praktische Anwendung -

von
Stefan Wahle

ISBN 978-3-8423-8190-2

zu beziehen über den Buchhandel oder **www.amazon.de**

Die Selbstverteidigungsmöglichkeiten mit dem Kubotan oder Ersatzweise mit einem handelsüblichen Kugelschreiber werden mit 150 Fotos im Detail dargestellt. Jeder kleine Zwischenschritt ist erkennbar und auch für Anfänger nachvollziehbar. Ergänzt wird das Ganze durch ausführlich erklärende Texte. Seien Sie kein Opfer, sondern lernen Sie sich zu verteidigen! Der Autor ist langjähriges Vorstandsmitglied des American Ju-Jutsu Landesverband Hamburg von 1993.

Paperback, 68 Seiten, über 150 Fotos

Verlag BoD Norderstedt

Preis: EUR 9,99

„Krav Maga -
Grundtechniken und praktische Anwendung"

Israelische Selbstverteidigung

von
Stefan Wahle

ISBN: 978-3-8482-0227-0

In diesem deutschsprachigen Buch werden die Grundtechniken des israelischen Selbstverteidigungs-systems Krav Maga und deren praktische Anwendung mit über 300 Fotos und ausführlich erklärenden Texten dargestellt. Der Autor ist Mitglied in diversen nationalen und internationalen Krav Maga Verbänden und verfügt über eine fast 30jährige Kampfkunst- /Kampfsport-erfahrung.

Dieses Lehrbuch ist offiziell von der Krav Maga Sawah Organisation Deutschland autorisiert.

Paperback, 160 Seiten, über 300 Fotos

Verlag BoD Norderstedt

Preis: EUR 18,99

9.   Über den Autor

Trainerqualifikationen und Graduierungen
- Entspannungstrainer, Note 1
- Trainer für Sportrehabilitation, Note 1
- Fitnesstrainer B-Lizenz, Note 1
- Lehrer für Qigong (TQN, DDQT + div. gesetzl. KK)
- Krav Maga Instructor verschiedener Verbände
- Lehrbefähigungsnachweis Ju-Jutsu, 1990
- Prüferlizenz Ju-Jutsu von verschiedenen Verbänden,
  erstmals 1992
- 6. Dan Ju-Jutsu
- Lehrer für Ju-Jutsu verschiedener Verbände

Wettkampferfolge
- 1. Platz Hamburger Meisterschaft Ju-Jutsu-
  Formenwettkampf 1992
- 3. Platz Hamburger Meisterschaft Ju-Jutsu Kampf 1995
- 3. Platz Hamburger Meisterschaft Ju-Jutsu Kampf 1994
- 4. Platz Internationale Deutsche Meisterschaften
  moderne Kata 1997 in Lauenburg
- 4. Platz Deutsche Meisterschaft Ju-Jutsu-
  Formenwettkampf 1992
- 5. Platz Hamburger Meisterschaft Ju-Jutsu Kampf 1996
- 1. Platz „zweiter happy run" 5 Km Nordic-Walking
  in Wahlstedt 2010
- 3. Platz German Taijiquan Open 2012 in Hannover
- 4. Platz Wu Wei Cup 2012 in Hamburg
- 1. Platz Sparkassen-Ostseelauf Timmendorfer Strand
  Nordic-Walking 5 Km 2013
- 1. Platz Stadtwerkelauf Tornesch, NW 5 Km 2013-2016

Veröffentlichungen
- diverse Sammelbände (Qigong, Ju-Jutsu) 2014
- Kurskonzept Frauenselbstverteidigung 2014
- Rückenqigong 2014
- Der fliegende Kranich - Qigong in 5 Bänden 2013
- Buch „Die 6 heilenden Laute" 2013
- Buch „Das muskel- und sehnenstärkende Qigong" 2012
- Buch „Sawah Kung Fu Grundtechniken" 2012
- Buch „Shaolin Qin Na Sawah Kuen" 2012
- Buch „Taijiquan für Einsteiger..." 2012
- Buch „Krav Maga - Grundtechniken..." 2012
- Buch „Das Spiel der 5 Tiere" 2011
- Buch „Konzept zur Durchführung eines
  Entspannungskurses…" 2011
- Buch „Die 24er Pekingform Taijiquan" 2011
- Buch „Die 8 Brokate by Stefan Wahle" 2010
- Buch „Ju-Jutsu Frauenselbstverteidigung" 2010
- Buch „Optimiertes Krafttraining mit der ILB-Methode"
  2009
- Buch „Ju-Jutsu Straßenkampftechniken" überarbeitete
  Neuauflage 2009
- Artikel „Optimiertes Krafttraining mit der ILB-Methode" in
  der Zeitschrift „shape up Trainer´s only", Heft Nr. 5
  2009
- Buchveröffentlichung „Realistische
  Frauenselbstverteidigung" 1994/95
- Buchveröffentlichung „Ju-Jutsu Straßenkampftechniken"
  1993

<u>Auszeichnungen</u>
- Budoka Award der Martial Arts Association 2013
- Ehrenkreuz der Martial Arts Association (MAA) 2012
- Hall of Fame + Dragon Medal der MAA 2011
- Verleihung der Ehrenmedaille durch den American
  Ju-Jutsu Landesverband Hamburg e.V. für den Aufbau
  der Akademie für Frauenselbstverteidigung 1997

<u>Besondere Lehrgänge</u>
- Lehrgang bei Dan Inosanto in Speyer 1996

<u>Tätigkeiten</u>

seit 2008	Fernstudium Fitness an der BSA Akademie anerkannt durch den DSSV
seit 2001	freiberuflicher Trainer
1993 bis 2001	Landestrainer beim American Ju-Jutsu Landesverband Hamburg e.V.

<u>Mitglied in den Verbänden (Stand 12-2016)</u>
- Taijiquan & Qigong Netzwerk Deutschland e.V.
- Chinesisch-Deutscher Kampfkunstverein e.V.
- Martial Arts Association - International
- Deutsche Budo Organisation e.V.
- Deutsche Kampfkunst Föderation e.V.
- Sawah® Qigong und Taijiquan Gesellschaft
- American Ju-Jutsu Landesverband Hamburg von 1993
- Krav Maga Sawah Organisation Deutschland
- World Krav Maga Association
- Deutsches Dan-Kollegium e.V. - DDK
- F.T.U. Freie Taekwondo Union

Wochenblatt Barmbek `ÄNDERN`

| Startseite | Beitrag erstellen | Meine Seite | Verlag/Anzeigen | Online-Ausgaben |

Aktuelles   Lokales   Polizei   Kultur   Sport   Veranstaltungen   Menschen   Handel und Wirtsch

Region › Barmbek › Sport › 6. Dan Ju-Jutsu für Stefan Wahle aus Barmbek zum 30-jährigen Mattenjubiläum

6. Dan Ju-Jutsu für Stefan Wahle aus Barmbek zum 30-jährigen Mattenjubiläum

Der Barmbeker Sportbuchautor **Stefan Wahle** betreibt seit 1985 die Kampfkunst Ju-Jutsu. Im Rahmen seines 30-jährigen "Mattenjubiläums" wurden ihm von diversen Sportverbänden Ehrungen zuteil. Unter anderem wurde ihm für seine sportlichen Verdienste und sein ehrenamtliches Engagement der **6. Dan Ju-Jutsu** verliehen.

Weitere Infos auf der Fan-Seite von Stefan Wahle bei Facebook:
http://www.facebook.com/Stefan.Wahle.Autor

6. Dan Ju-Jutsu für Stefan Wahle zum 30-jährigen Mattenjubiläum

Veröffentlichung mit freundlicher Genehmigung des Autors und Fotografen Otto Meier

Fan-Page von Stefan Wahle bei Facebook.com:
http://www.facebook.com/Stefan.Wahle.Autor

55

Stefan Wahle, 6. Dan Ju-Jutsu

www.sw-sportbuch.de